W0229168

Julie Pop BAKERY

Cake Pop Bakery

JULIA & SONJA
WOJTA

Cake Pop Bakery

TIPPS, TRICKS
UND EINZIGARTIGE
DESIGNS

Mit Fotografien von
Mike Rabensteiner

Inhalts-
verzeichnis

Vorwort

Julia Wojta hat ihr Hobby zum Beruf gemacht.

Die Quereinsteigerin – Magistra der Rechtswissenschaften – hatte
schon länger ihre Liebe zum Backen entdeckt. Nach abgeschlossenem
Studium widmete sie sich der Kunst, Cake Pops herzustellen, um
sie später gewerbsmäßig zu vertreiben. Im Laufe der Zeit perfektionierte
sie ihr Handwerk. Grund genug um ihre Erfahrungen und Ideen
in einem Buch zu präsentieren.

Ich selbst hatte das Vergnügen, Julia Wojta ein Jahr im Patisserie-
lehrgang an der Gastgewerbefachschule am Judenplatz in Wien zu
unterrichten. Dabei war zu beobachten, mit welchem Ehrgeiz
und Enthusiasmus sie die gestellten Aufgaben bewältigte. Es war ihr
wichtig, jedes noch so kleine Detail in Erfahrung zu bringen.
Mittlerweile ist Julia Wojta geprüfte Pâtissière und Konditorin. Da
liegen Fragen auf der Hand: Wo wird sie ihr Streben weiter hinführen?
Was werden wir noch von Julia Wojta hören?

Für deine weitere Berufslaufbahn wünsche ich dir, liebe Julia, alles
Gute und viel Erfolg!

Manfred Flickinger
Konditormeister, Fachlehrer und Autor

Einleitung

Wir können kaum glauben, dass wir nach nur zwei Jahren Arbeit mit der Julie Pop Bakery unser erstes Buch schreiben! Wir freuen uns riesig und hoffen, dass wir dir durch dieses Buch die Freude an der Zubereitung von Cake Pops vermitteln können. Denn abgesehen von tollen Fotos und vielen Anleitungen ist es uns ein großes Anliegen, dass du mit diesem Buch wirklich gut arbeiten kannst. Das Grundrezept ist jenes, das wir selbst verwenden, und auch die Motive werden Schritt für Schritt so angeleitet, wie wir sie auch selbst machen. Wir haben keine Geheimnisse, wir möchten dir unser ganzes Wissen, das wir uns angeeignet haben, weitergeben und dir zeigen, wie man perfekte Cake Pops macht und wie du Fehler (die auch wir am Anfang gemacht haben) vermeiden kannst.

Mehrere Faktoren sind bei der Cake Pop Herstellung von Bedeutung. Ganz besonders wichtig ist, dass du dir Zeit nimmst, geduldig bist und dich auf die Herstellung der Cake Pops konzentrierst. Ein Cake Pop ist keine Süßigkeit, die man nebenbei oder im Schnellverfahren herstellen kann. Je öfter man Cake Pops macht, desto mehr Gefühl bekommt man für die Möglichkeiten, die sich einem eröffnen. Es ist wie bei so vielem, Übung macht auch hier den Cake Pop Meister.

Am besten, du hast von nun an immer einen Notizblock mit dabei und schreibst dir Ideen auf oder skizzierst sie gleich. Denn plötzlich gelangt man an einen Punkt, an dem man nur noch „in Cake Pops denkt". Man sieht einen Gegenstand, der einem gefällt, und der Kopf rattert schon, wie sich jener zu einer Süßigkeit am Stiel umwandeln lässt. Geh mit offenen Augen durchs Leben und lass dich von der Natur inspirieren. Wir stellen dir in diesem Buch 25 Motive vor. Darüber hinaus gibt es einige Cake Pop Zusammenstellungen zu bestimmten Anlässen oder Themen, lass dich davon inspirieren und sei kreativ – schon bald wirst du eigene Motive entwerfen können.

Julie und Sonja

Basics

TAKE YOUR TIME

Nimm dir viel Zeit für die Zubereitung deiner Cake Pops. Sei geduldig! Bereite alles vor. Oberste Regel ist die sogenannte „Mise en place": Alles soll am Tisch vorbereitet und griffbereit liegen. Diese Vorbereitung sichert einen reibungslosen Ablauf und minimiert Stress.

Cake Pops eignen sich gut, um gemeinsam mit Freunden oder Kindern kreativ zu werden. Nimm dir doch einmal einen Nachmittag frei und genieß gemeinsam mit deinen Lieben das Zubereiten und Dekorieren!

Utensilien

FÜR DEN KUCHEN UND DAS FROSTING

- beste Grundzutaten
- Küchenwaage
- rechteckige Kuchenform (circa 20 x 30 cm)
- Handmixer bzw. Küchenmaschine
- Rührschüssel
- Gummispatel
- Pinsel (um die Form auszufetten)

ZUM GLASIEREN

- Glasurlinsen (Candy Melts)
- Kokosfett bzw. Speiseöl
- Mikrowelle oder heißes Wasserbad
- eventuell mikrowellenfeste Gefäße
- Holz-, Plastik- oder Papierspieße
- Styroporblock

ZUM DEKORIEREN UND VERARBEITEN

Der Dekor hängt vom Motiv ab. Im Grunde ist alles möglich, was süß und essbar ist. Folgenden Dekor verwenden wir sehr häufig:

- Zuckerperlen in allen Farben
- Zuckerstreusel in allen Farben (diese sind kleiner als Zuckerperlen)
- Schokostreusel
- Zuckerherzen
- Zuckerblumen
- Tic Tac
- große und kleine Smarties
- Rollfondant
- Gummischnüre

- Kokosfett und Maisstärke, um ein Anhaften des Rollfondants zu verhindern
- Lebensmittelfarbe in Gelform
- Pulverfarben (Lebensmittelfarbe in Pulverform)
- Confectioners' Glaze
- kleines Rollholz (Ausrollstab) mit Antihaftbeschichtung
- Silikonformen
- kleiner Spatel
- kleines Messer mit glatter Klinge
- Zahnstocher
- feiner Haarpinsel
- Gummihandschuhe (sind empfehlenswert, falls du dir beim Einfärben die Finger nicht verfärben willst)
- Ausstechformen: Herz (circa 4,5 cm), Zylinder (2,5 cm, 3,5 cm und 4,5 cm), Quadrat (3,5 cm), Tannenbaum usw.
- Stanitzel (gibt es fertig zu kaufen)

Grundrezept
Vanille - Weiße - Schokolade

FÜR DEN KUCHEN

....

Eier	4
Staubzucker	230 g
weiche Butter	240 g
glattes Mehl	360 g
Backpulver	1 Pkg
Milch	200 ml
Mark einer Vanilleschote	
Butter und Mehl für die Kastenform	

....

Menge für ca. 40 Cake Pops

WEISSE SCHOKOLADE FROSTING

....

weiße Schokolade	200 g
weiche Butter	250 g
streichfähiger Topfen (10 % oder	
20 % Fettgehalt, je nach Belieben)	200 g
Mark einer Vanilleschote	

....

Dieses Rezept lässt sich sehr leicht abwandeln!
Nach Geschmack einfach biologische Orangen- oder
Zitronenzesten dazugeben, genauso passt
Zimtpulver oder zur Weihnachtszeit auch
Lebkuchengewürz. Und die weiße Schokolade für
das Frosting kann beliebig gegen Milch- oder
Zartbitterschokolade ausgetauscht werden.

Bake
the
Cake

Kuchen: Für den Kuchen Eier und Zucker schaumig rühren, anschließend die weiche Butter einrühren. Mehl mit Backpulver versieben und gemeinsam mit der Milch und dem Vanillemark in den Teig einarbeiten. Die Zutaten sollten alle in etwa die gleiche Temperatur haben.

Die Masse in eine mit Butter ausgestrichene und mit Mehl ausgestaubte Kastenform füllen und im vorgeheizten Backrohr bei 165 °C circa 50 Minuten backen.

Next Step: Für das Frosting Schokolade zerkleinern und im warmen Wasserbad oder bei 360 Watt in der Mikrowelle schmelzen. Mit weicher Butter, streichfähigem Topfen und dem Vanillemark vermengen. 1 Stunde im Kühlschrank durchkühlen lassen.

Make the Perfect Cake Pop Mix: Lauwarmen Kuchen (mit den Händen) fein zerbröseln und 2 bis 3 Stunden im Kühlschrank durchkühlen lassen. Frosting portionsweise in die Bröselmasse einarbeiten, bis sie eine gut formbare Konsistenz annimmt. Diese Masse muss nun noch mindestens 8 Stunden in den Kühlschrank, bevor sie weiterverarbeitet werden kann (Schokolade und Butter müssen fest werden).

Roll the Ball: Aus der Grundmasse Stücke mit 30 g vorbereiten und aus diesen mit den Händen runde Kugeln formen. Dies erfordert etwas Geduld – aber keine Sorge, mit ein wenig Übung klappt es bestimmt.

Shaped Cake Pops: Wenn es nicht immer eine runde Kugel sein soll, eignen sich Ausstechformen sehr gut, um neue Motive zu schaffen. Bei dieser Methode bereitest du dir aus der Grundmasse Stücke mit 70 g vor. Wichtig dabei ist, dass die Kuchenmasse zuerst gut durchgeknetet, dann von beiden Seiten mit der Handfläche glatt gedrückt und mit der gewünschten Ausstechform ausgestochen wird.

....

Die Masse ist beliebig portionier-
bar und reicht für circa 40 Cake
Pops. Am besten teilst du die
Masse in 4 Portionen für je 10
Cake Pops. So kannst du jederzeit
auch kleinere Mengen an Cake
Pops herstellen.

Wird die Masse aus dem Tiefkühler genommen, muss sie im
Kühlschrank (nicht bei Raumtemperatur, circa 8 Stunden)
aufgetaut werden, ansonsten wird
die Masse zum Weiterverarbeiten
zu weich. Am einfachsten legst
du die Kuchenmasse am Vorabend
aus dem Tiefkühler in den Kühlschrank.

Immer nur einige (2 bis 3) Kugeln
vorbereiten und die restliche
Masse währenddessen in den Kühlschrank zurückgeben, ansonsten
wird sie zu weich.

Pimp Your Pop

- PIMP YOUR POP -

Selfmade Decoration Material

Rollfondant (auch Massa Ticino genannt) ist eine Mischung aus Zucker, Glukosesirup, Wasser, pflanzlichem Fett, Geliermittel, Zitronensäure und Vanillin. Von der Konsistenz her ist Rollfondant Marzipan sehr ähnlich. Der Vorteil zum Marzipan liegt darin, dass Rollfondant rein-weiß ist und sich sehr schön einfärben lässt.

Vor der Verarbeitung den Rollfondant gut durchkneten.

Zum Einfärben ausschließlich fettlösliche Gelfarben verwenden – dazu eine Zahnstocherspitze voll mit Farbe zum Rollfondant hin-zugeben und alles gut verkneten. Achtung: Die Farben färben sehr intensiv. Um einen zarten Pastellton zu erzielen, reicht schon eine winzige Menge Farbe.

Wichtig ist, dass der Rollfondant zur Aufbewahrung immer luftdicht verpackt wird, damit er nicht aushärtet. Wird der Rollfondant richtig gelagert, ist er lange haltbar.

Silikonformen sind zu vielen verschiedenen Themen erhältlich. Bei der Herstellung immer nur so viel Rollfondant in die gewünschte Form geben, wie tatsächlich hineinpasst. Das Dekorelement direkt im Anschluss vorsichtig aus der Form pressen, auf ein Backpapier legen und trocknen lassen. Die Dekorelemente können schon einige Tage zuvor vorbereitet werden, damit genug Zeit zum Trocknen bleibt. Dieser Dekor kann in luftdichten Behältern aufbewahrt werden.

TIPP

··

Wenn der Rollfondant sich nicht leicht aus der Form löst, die Form mit wenig Kokosfett ausfetten.

Durch das Kneten des Rollfondants löst sich der Zucker in der Masse, je länger man knetet, desto eher beginnt der Rollfondant an den Händen zu kleben. Zwischendurch immer wieder Hände waschen oder die Hände ein wenig mit Staubzucker oder Maisstärke bestauben.

Heat It Right

Wir arbeiten mit Fettglasur. Diese gibt es in zahlreichen Farben von unterschiedlichen Herstellern. Die Glasur kauft man in Form von harten Glasurlinsen in 340 g Packungen. Mit einer Packung kannst du circa 30 Cake Pops glasieren. Fettglasur ist zum Glasieren der Cake Pops gut geeignet, weil sie im Gegensatz zu Schokolade nicht temperiert werden muss und beliebig oft und schnell aufgewärmt werden kann. Außerdem muss sie nicht zusätzlich eingefärbt werden. Die flüssige Glasur kann in luftdichten Behältern an einem dunklen und kühlen Ort etliche Wochen aufbewahrt werden.

Zur richtigen Anwendung empfiehlt es sich, die Anleitungen des jeweiligen Herstellers zu beachten. Bei den meisten Herstellern ist es nötig, mindestens 2 bis 3 Esslöffel Kokosfett oder Speiseöl zu den Glasurlinsen hinzuzugeben, damit eine geschmeidige und flüssige Konsistenz entsteht.

Die Glasur muss in 2 bis 3 Schritten in der Mikrowelle oder im Wasserbad aufgewärmt werden, damit sie nicht anbrennt. Beim Aufwärmen in der Mikrowelle mit 2 Minuten bei 360 Watt starten. Die Glasur gut umrühren und anschließend 1 weitere Minute in der Mikrowelle aufwärmen. Die Konsistenz soll geschmeidig-flüssig sein.

Durch das Stehen bei Raumtemperatur beginnt die Glasur fest zu werden. Die Glasur muss also immer wieder zurück in die Mikrowelle (360 Watt, max. 1 Minute). Wegen der niedrigeren Raumtemperatur wird die Glasur im Winter schneller fest als im Sommer.

mmmmh...

25

Insert the Stick & Cover Your Cake Pop

Das Holzstäbchen zuerst mit der flachen Seite circa 1 cm tief in die flüssige Glasur tauchen und anschließend bis zur Hälfte in den Cake Pop stecken. Dann zum Trocknen in die vorbereitete Styroporplatte stecken. Nach ein paar Minuten trocknet die Glasur (hängt von der Raumtemperatur ab) und das Holzstäbchen ist gut im Cake Pop verankert.

Zum Glasieren die Schüssel mit flüssiger Glasur etwas schräg halten. Nun den Cake Pop in 2 Schritten glasieren. Zuerst den Cake Pop bis zur Hälfte in die Glasur eintauchen, herausziehen und dann die andere Hälfte eintauchen, bis der Cake Pop vollständig mit Glasur überzogen ist. Die überschüssige Glasur gut abtropfen lassen und zum Trocknen in den Styroporblock stecken.

Je nach Motiv wird der Cake Pop sofort dekoriert oder es wird gewartet, bis die Glasur getrocknet ist.

TIPP
....

Im Sommer empfiehlt es sich, die glasierten Cake Pops auch zwischen den einzelnen Arbeitsschritten im Kühlschrank zu lagern. Stehen sie zu lange in der Wärme, fallen sie vom Stäbchen. Generell ist es empfehlenswert, die Cake Pops im Kühlschrank zu lagern. Bei kühler Lagerung sind sie mindestens 1 Woche haltbar!

27

Paint Your Pop

Wir haben unterschiedlichste Farben ausprobiert und zeigen dir hier die Methode, die für uns am besten funktioniert.

Dazu benötigst du Confectioners' Glaze und Pulverfarben in unterschiedlichen Farbtönen.

Die Pulverfarbe auf einem kleinen Teller mit 2 bis 3 Tropfen Confectioners' Glaze vermengen, bis sie eine geschmeidige Konsistenz erlangt. Mit einem sehr feinen Haarpinsel in die Farbe eintauchen und auf dem Cake Pop (Augen, Mund ...) zeichnen.

Der Confectioners' Glaze neigt dazu, schnell zu trocknen, daher ist es wichtig, dass du zügig arbeitest.

Für rote Wangen reicht es, wenn du nur Pulverfarbe mit einem Haarpinsel aufträgst, hierbei ist kein Confectioners' Glaze notwendig.

Mix Your Melts

Glasurlinsen sind hervorragend geeignet, um Cake Pops richtig bunt erscheinen zu lassen. Sie sind in folgenden Farben im Handel erhältlich: weiß, gelb, orange, rot, rosa, hellblau, hellgrün, dunkelgrün, hellbraun, dunkelbraun und schwarz. Ein Hautfarbton (z.B. für Kopf oder Gesicht) lässt sich durch Mischen von weißen Candy Melts mit wenig rosa Candy Melts erzielen. Ein Grauton (Maus, Elefant) wird erreicht, wenn weiße Candy Melts mit wenig schwarzen Candy Melts vermischt werden.

makeup

Make
It
Right

Die Glasur deckt die Masse nicht gut ab: Dunkle Masse nicht mit heller Glasur überziehen. (Abhilfe: Den Cake Pop, wenn er gut getrocknet ist, noch einmal glasieren.) Die Glasur ist zu dünnflüssig, es wurde zu viel Kokosfett verwendet. (Abhilfe: Neue Glasurlinsen zugeben, bis die richtige Konsistenz erreicht ist.)

....

Der Cake Pop fällt vom Holzspieß: Der Holzspieß war nicht tief genug im Cake Pop verankert. Die Glasur, die zum Verankern verwendet wurde, war nicht getrocknet. Der Cake Pop ist zu lange bei Raumtemperatur gestanden, die Masse ist dadurch zu weich geworden.

....

Kleine Fettperlen treten aus: Der Cake Pop muss zur Gänze mit Glasur bedeckt sein. Das Fett tritt auch aus den winzigsten Öffnungen aus. Falls beim Glasieren kleine Bläschen entstehen, kannst du diese mit einem Zahnstocher aufstechen.

....

Die Glasur ist zu dickflüssig: Kokosfett oder Speiseöl hinzufügen. Die Glasur muss immer wieder neu aufgewärmt werden, durch längeres Stehen wird sie wieder fest.

....

Die Masse ist zu weich: Es wurde zu viel Frosting im Verhältnis zur Kuchenmenge verwendet. Die Masse wurde vor dem Weiterverarbeiten nicht lange genug durchgekühlt.

Die Glasur hat Schlieren: Das Fett setzt sich ab. Die Glasur muss regelmäßig gut durchgerührt werden.

....

Die Glasur springt: Die Cake Pop Masse ist zu kalt. Die kalte Masse dehnt sich bei Raumtemperatur aus und dadurch können feine Sprünge in der Glasur entstehen.

Take It Easy

- CAKEPOPS FÜR ANFÄNGER -

Cake Pops mit Streuseln

Zuckerstreusel nach Wahl

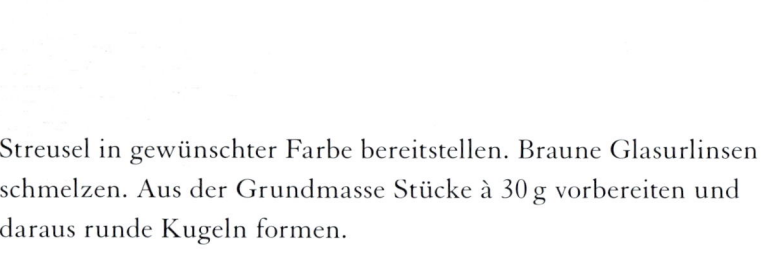

Streusel in gewünschter Farbe bereitstellen. Braune Glasurlinsen schmelzen. Aus der Grundmasse Stücke à 30 g vorbereiten und daraus runde Kugeln formen.

Die Kugel mit flüssiger Glasur auf ein Holzstäbchen stecken, die Glasur antrocknen lassen. Anschließend die Kugel in die erwärmte braune Glasur tauchen und abtropfen lassen.

Solange die Glasur noch feucht ist, Zuckerstreusel über den Cake Pop rieseln lassen und anschließend den Cake Pop auf dem Styroporblock im Kühlschrank trocknen lassen.

dip it

Blumen

PREPARED
....

Zuckerblumen in gewünschten
Farben, bunte Zuckerstreusel

TIPP
....

Die Zuckerblumen können bereits
auf Vorrat hergestellt werden.

Zuckerblumen mit Hilfe einer Silikonform herstellen (siehe Seite 22).
Orange Glasurlinsen schmelzen. Aus der Grundmasse Stücke zu
je 30 g vorbereiten und daraus runde Kugeln formen.

Die Kugel mit flüssiger Glasur auf ein Holzstäbchen stecken, die
Glasur antrocknen lassen. Die Kugel nun in die flüssige orange
Glasur tauchen und die Glasur abtropfen lassen.

Solange die Glasur noch feucht ist, mit Streuseln einen Zierrand
dekorieren und anschließend die vorbereitete Blume auf dem Cake
Pop platzieren. Den Cake Pop anschließend auf dem Styroporblock
im Kühlschrank trocknen lassen.

sweet

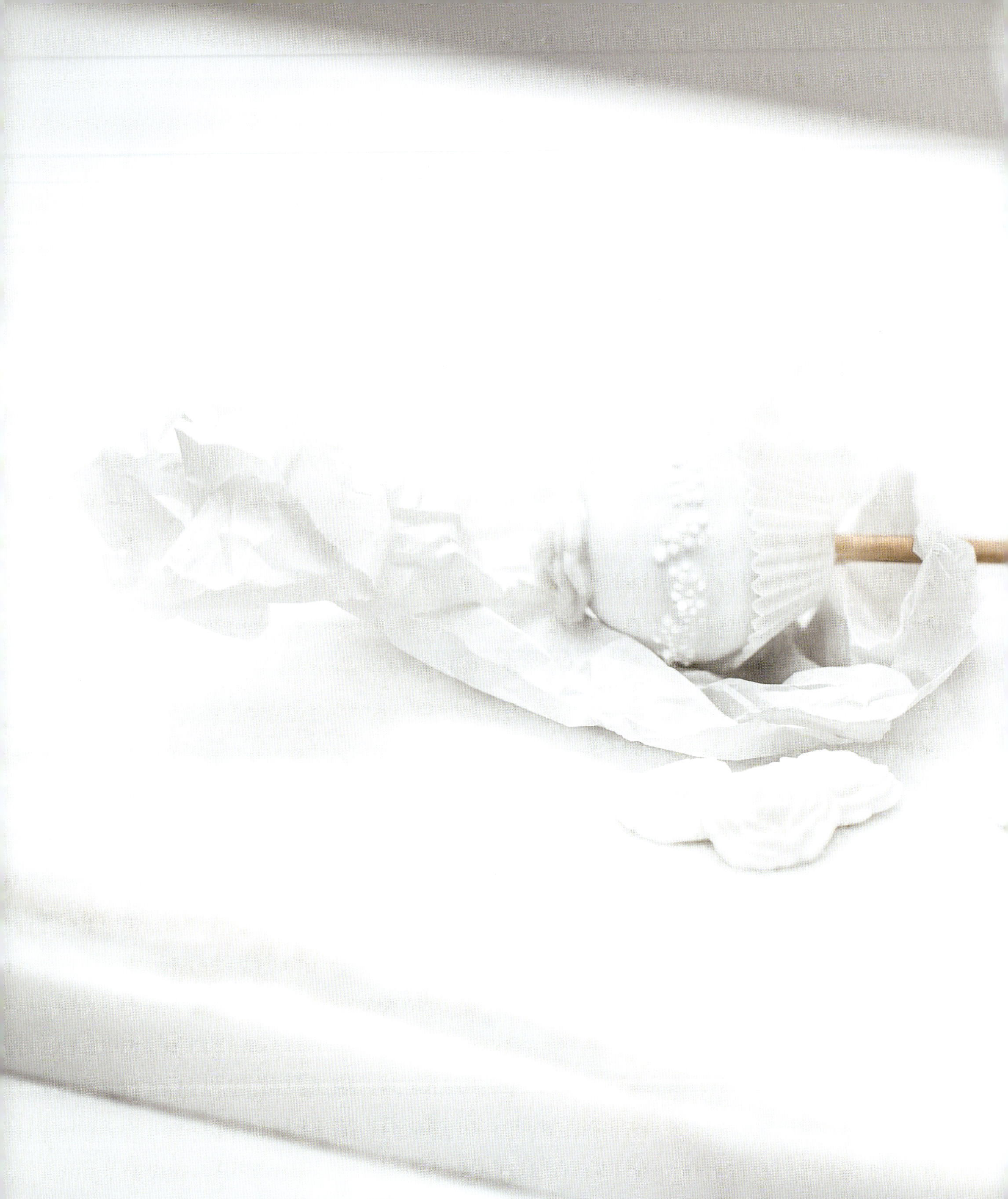

Double Coloured

Zuckerstreusel nach Wahl,
Zahnstocher

Die Glasur muss gut getrocknet
sein, bevor das zweite Mal glasiert
wird, damit die Farben nicht
ineinander verrinnen. Die zweite
Glasur kopfüber abtropfen lassen –
so bleibt der Farbrand gleichmäßig.

Hellblaue Glasurlinsen schmelzen. Aus der Grundmasse Stücke zu
je 30 g vorbereiten und daraus runde Kugeln formen.

Die Kugel mit flüssiger Glasur auf ein Holzstäbchen stecken, die
Glasur antrocknen lassen.

Den Cake Pop anschließend in die flüssige hellblaue Glasur tauchen,
die Glasur abtropfen lassen und den Cake Pop auf einem Styroporblock im Kühlschrank trocknen lassen.

Dunkelblaue Glasurlinsen schmelzen. Den Cake Pop bis zur Hälfte
in die zweite Glasur tauchen und kopfüber abtropfen lassen. Solange
die zweite Glasur noch feucht ist, einen Zierrand aus Zuckerstreusel
dekorieren. Die Glasur trocknen lassen.

Einen Zahnstocher in die flüssige erste Glasur tauchen und Punkte
dekorieren. Den Cake Pop anschließend auf dem Styroporblock im
Kühlschrank trocknen lassen.

sprinkles

Marbles

TIPP
....
Die Glasur soll direkt aus der
Mikrowelle bzw. aus dem Wasserbad kommen und flüssig sein,
damit die Farben gut ineinander
verrinnen.

Gelbe und schwarze Glasurlinsen getrennt schmelzen. Aus der
Grundmasse Stücke à 30 g vorbereiten und daraus runde Kugeln
formen.

Die Kugel mit flüssiger Glasur auf ein Holzstäbchen stecken, die
Glasur antrocknen lassen. Die Kugel in die flüssige gelbe Glasur
tauchen – nicht abtropfen lassen. Sofort mit einer Gabel in die
flüssige schwarze Glasur eintauchen und dünne Fäden über den
Cake Pop ziehen.

Den Cake Pop langsam drehen, bis die beiden Glasurfarben ineinander verrinnen. Im Anschluss die überschüssige Glasur gut
abtropfen lassen. Den Cake Pop nun auf dem Styroporblock im
Kühlschrank trocknen lassen.

spin it

Stripes

....

Rote und schwarze Glasurlinsen getrennt schmelzen. Runde Kugeln zu je 30 g formen.

Die Kugel mit flüssiger Glasur auf ein Holzstäbchen stecken, die Glasur antrocknen lassen. Kugel mit roter Glasur glasieren und die Glasur abtropfen lassen. Den Cake Pop auf dem Styroporblock im Kühlschrank trocknen lassen.

Mit einer Gabel in die flüssige schwarze Glasurfarbe eintauchen und zügig über den Cake Pop dünne Striche ziehen. Wahlweise können die Striche auch gittermäßig gezogen werden. Den Cake Pop anschließend auf dem Styroporblock im Kühlschrank trocknen lassen.

go wild

Try Harder

- CAKEPOPS FÜR FORTGESCHRITTENE -

Julie Pop BAKERY

Boo!

Schwarze Glasurlinsen schmelzen. Aus der Grundmasse Stücke
zu je 30 g vorbereiten und daraus runde Kugeln formen.

Die Kugel mit flüssiger Glasur auf ein Holzstäbchen stecken und die
Glasur antrocknen lassen. Den Cake Pop in flüssige schwarze
Glasur tauchen, abtropfen lassen und auf dem Styroporblock im
Kühlschrank trocknen lassen.

Rollfondant circa 2 mm dick ausrollen und mit einem runden
Ausstecher einen Kreis (mit circa 10 cm Durchmesser) ausstechen.

Im unteren Drittel des Kreises mit einem Zahnstocher 3 kleine
Löcher (circa 2 mm Durchmesser) für Augen und Mund ausstechen.
Den ausgestochenen Kreis mit Gesicht vorsichtig auf den Cake Pop
legen und in Form eines Umhanges Falten formen. Den Cake Pop
anschließend auf dem Styroporblock im Kühlschrank trocknen lassen.

be fearless

53

Monsters

PREPARED

....

Rollfondant für die Augen,
Zahnstocher

....

Aus Rollfondant 3 Kugeln für die Augen (mit circa 7 mm Durchmesser) vorbereiten.

Rote Glasurlinsen schmelzen. Aus der Grundmasse Stücke zu je
30 g vorbereiten und daraus Kugeln formen, die nach oben hin spitz
auslaufen.

Die Kugelform mit flüssiger Glasur auf ein Holzstäbchen stecken und
die Glasur antrocknen lassen. Den Cake Pop in flüssige rote Glasur
tauchen, abtropfen lassen und – solange die Glasur noch feucht
ist – die 3 vorbereiteten Kugeln anbringen. Auf dem Styroporblock
im Kühlschrank trocknen lassen.

Schwarze Glasurlinsen schmelzen und mit einem Zahnstocher
Pupillen und Mund zeichnen. Den Cake Pop anschließend auf dem
Styroporblock im Kühlschrank trocknen lassen.

eye it

Quak

Smarties für die Augen,
eventuell Rollfondantkronen,
Zahnstocher

Sehr gut macht sich beim Frosch
auch eine kleine Rollfondantkrone.

Grüne Glasurlinsen schmelzen. Aus der Grundmasse Stücke zu
je 30 g vorbereiten und daraus runde Kugeln formen.

Die Kugel mit flüssiger Glasur auf ein Holzstäbchen stecken und
die Glasur antrocknen lassen.

Smarties für die Augen in die flüssige grüne Glasur tauchen, oben
auf beiden Seiten in die Kugeln stecken und trocknen lassen.

Die Kugel in flüssige grüne Glasur tauchen, abtropfen lassen und
auf dem Styroporblock im Kühlschrank trocknen lassen.

Weiße und schwarze Glasurlinsen getrennt schmelzen und mit einem
Zahnstocher Augen, Nase und Mund zeichnen. Den Cake Pop
anschließend auf dem Styroporblock im Kühlschrank trocknen lassen.

happy as a king

Monkeys

Smarties für Ohren und Nase,
eventuell selbst gebasteltes
Hütchen aus Rollfondant

Nach Belieben das Cake Pop
Äffchen mit einem aus Rollfondant
geformten Zuckerhütchen
dekorieren.

Braune Glasurlinsen schmelzen. Aus der Grundmasse Stücke zu
je 30 g vorbereiten und daraus runde Kugeln formen.

Die Kugel mit flüssiger Glasur auf ein Holzstäbchen stecken,
die Glasur antrocknen lassen.

Smarties für die Ohren bis zur Hälfte in die flüssige Glasur tauchen,
seitlich in die Kugeln stecken und antrocknen lassen.

Die Kugel in flüssige braune Glasur tauchen, abtropfen lassen und
solange die Glasur noch feucht ist, ein Smartie für die Nase mittig
dekorieren. Den Cake Pop auf dem Styroporblock im Kühlschrank
trocknen lassen.

Weiße und schwarze Glasurlinsen getrennt schmelzen. Mit einem
Zahnstocher und flüssiger weißer Glasur Augen zeichnen, wiederum
gut trocknen lassen. Mit flüssiger schwarzer Glasur und einem
Zahnstocher Pupillen, Nase und Mund zeichnen. Den Cake Pop
anschließend auf dem Styroporblock im Kühlschrank trocknen lassen.

tasty

Küken

PREPARED
....

orange eingefärbter Rollfondant
für den Schnabel, eventuell Rollfondant für die aufgebrochene
Eierschale, Zuckerherzen,
Zahnstocher

TIPP
....

Beim Küken sieht eine aufgebrochene Eierschale aus Rollfondant
sehr nett aus!

Schnabel vorbereiten: Dazu aus orange eingefärbtem Rollfondant ein Rechteck (1,8 x 0,5 cm) zuschneiden und dieses in der Mitte bis zur Hälfte zusammenklappen.

Gelbe Glasurlinsen schmelzen. Aus der Grundmasse Stücke zu je 30 g vorbereiten und daraus runde Kugeln formen.

Die Kugel mit flüssiger Glasur auf ein Holzstäbchen stecken und die Glasur antrocknen lassen. Die Kugel in flüssige gelbe Glasur tauchen, abtropfen lassen und 3 Zuckerherzen als Kamm oben dekorieren.

Den vorbereiteten Schnabel mittig anbringen, solange die Glasur noch feucht ist. Auf dem Styroporblock im Kühlschrank trocknen lassen.

Schwarze Glasurlinsen schmelzen und mit einem Zahnstocher Augen zeichnen. Den Cake Pop anschließend auf dem Styroporblock im Kühlschrank trocknen lassen.

hey chicks

Schäfchen

Rollfondant für Schnäuzchen und
Ohren, Tic Tacs für Füße, Kokosette, Zuckerherz, Zahnstocher

Hier ist rasches Arbeiten angesagt,
der gesamte Dekor muss auf den
Cake Pop, solange die Glasur noch
feucht ist.

Aus Rollfondant eine Kugel (Schnäuzchen) und 2 kleinere Kugeln
(Ohren) vorbereiten.

Weiße Glasurlinsen schmelzen. Aus der Grundmasse Stücke zu
je 30 g vorbereiten und daraus eine runde Kugel formen.

Die Kugel mit flüssiger Glasur auf ein Holzstäbchen stecken und die
Glasur antrocknen lassen. Die Kugel in flüssige weiße Glasur tauchen,
abtropfen lassen und – solange die Glasur noch feucht ist – vorbe-
reitete Rollfondantkugeln für Schnauze und Ohren dekorieren. Tic
Tacs (für Füßchen) vorsichtig unten in den Cake Pop stecken und mit
Kokosette bestreuen. Im Kühlschrank gut trocknen lassen.

Zuckerherz mit flüssiger weißer Glasur auf die Schnauze dekorieren.
Schwarze Glasurlinsen schmelzen und mit einem Zahnstocher Augen
zeichnen. Den Cake Pop anschließend auf dem Styroporblock im
Kühlschrank trocknen lassen.

coco-wool

Mäuschen

PREPARED
....

Glasurlinsen für die Ohren,
eventuell selbst gemachtes
Mäschchen aus Rollfondant,
Zahnstocher

TIPP
....

Die Glasurlinsen für die Ohren
direkt vor dem Verarbeiten aus
dem Kühlschrank nehmen. Sind sie
nicht gut durchgekühlt, schmelzen
sie beim Weiterverarbeiten durch
die warme Glasur sehr leicht.
Sehr nett schaut beim Mäuschen
auch ein Mäschchen aus Rollfondant aus.

Weiße und wenig schwarze Glasurlinsen schmelzen und miteinander
vermengen (sodass ein hellgrauer Farbton entsteht). Aus der
Grundmasse Stücke zu je 30 g vorbereiten und daraus runde Kugeln
formen, dabei wie abgebildet ein Schnäuzchen modellieren.

Die Kugel mit flüssiger Glasur auf ein Holzstäbchen stecken und die
Glasur antrocknen lassen.

Glasurlinsen für die Ohren in die flüssige Glasur tauchen, seitlich in
die Kugeln stecken und antrocknen lassen.

Den Cake Pop in flüssige graue Glasur tauchen, abtropfen lassen und
auf dem Styroporblock im Kühlschrank trocknen lassen.

Rosa und schwarze Glasurlinsen getrennt schmelzen. Zahnstocher in
die flüssige rosa Glasur tauchen und die Nase zeichnen. Mit flüssiger
schwarzer Glasur und einem Zahnstocher Augen und Schnurr-
haare zeichnen. Den Cake Pop anschließend auf dem Styroporblock
im Kühlschrank trocknen lassen.

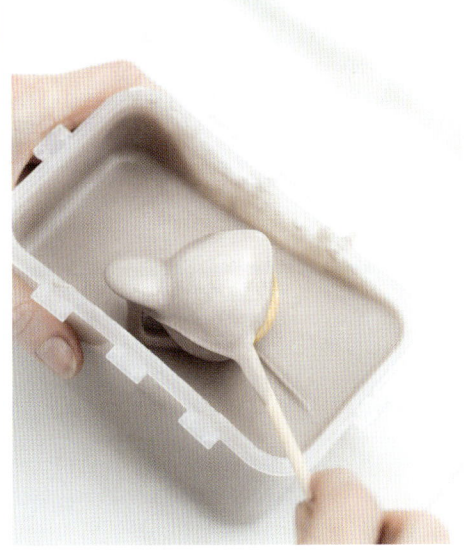

say cheese!

Igel

PREPARED

Krokant oder Schokostreusel,
eventuell Zuckerblumen,
Zahnstocher

TIPP

Sehr gut macht sich beim Igel
auch eine kleine Rollfondantblume.

Braune Glasurlinsen schmelzen. Aus der Grundmasse Stücke zu
je 30 g vorbereiten und daraus runde Kugeln formen. Den vorderen
Teil der Kugel für das Schnäuzchen zu einem Spitz formen.

Die Kugel mit flüssiger Glasur auf ein Holzstäbchen stecken und die
Glasur antrocknen lassen. Die Kugel in flüssige braune Glasur
tauchen, abtropfen lassen und den hinteren Teil mit Krokant oder
Schokostreuseln bestreuen, den vorderen Teil (Gesicht) aussparen.
Den Cake Pop auf dem Styroporblock im Kühlschrank trocknen
lassen.

Weiße, schwarze und rosa Glasurlinsen getrennt schmelzen und
Augen und Nase mit einem Zahnstocher malen. Den Cake Pop anschließend auf dem Styroporblock im Kühlschrank trocknen lassen.

crispy

Lovebears

PREPARED
....

Smarties, rosa eingefärbter
Rollfondant für Zuckerherzen,
Zahnstocher

TIPP
....

Soll das Bärchen weniger bunt
werden, kann man dieselbe
Technik wie beim Frosch auf S. 60
anwenden. Die Smarties zuerst
anbringen und dann alles zusam-
men mit flüssiger Glasur glasieren.

Aus rosa eingefärbtem Rollfondant Zuckerherz mit Hilfe einer
Silikonform wie auf Seite 22 beschrieben herstellen.

Braune Glasurlinsen schmelzen. Aus der Grundmasse 2 runde
Kugeln zu 13 g und 17 g formen.

Die beiden Kugeln mit flüssiger Glasur miteinander verbinden –
dabei soll die größere Kugel oben und die kleinere Kugel unten sein.
Trocknen lassen.

Das Holzstäbchen in flüssige Glasur tauchen, durch die untere Kugel
und bis zur Hälfte der oberen Kugel schieben und trocknen lassen.
Den Cake Pop in flüssige braune Glasur tauchen, abtropfen lassen
und die vorbereiteten Smarties für Nase, Ohren und Füßchen auf die
noch feuchte Glasur dekorieren. Vorbereitetes Zuckerherz am Bauch
dekorieren. Den Cake Pop auf dem Styroporblock im Kühlschrank
trocknen lassen.

Schwarze Glasurlinsen schmelzen und mit einem Zahnstocher
Augen und Schnäuzchen zeichnen. Den Cake Pop anschließend auf
dem Styroporblock im Kühlschrank trocknen lassen.

smarties

Blossoms

PREPARED

....

rosa eingefärbter Rollfondant für
Zuckerblüten, Zahnstocher

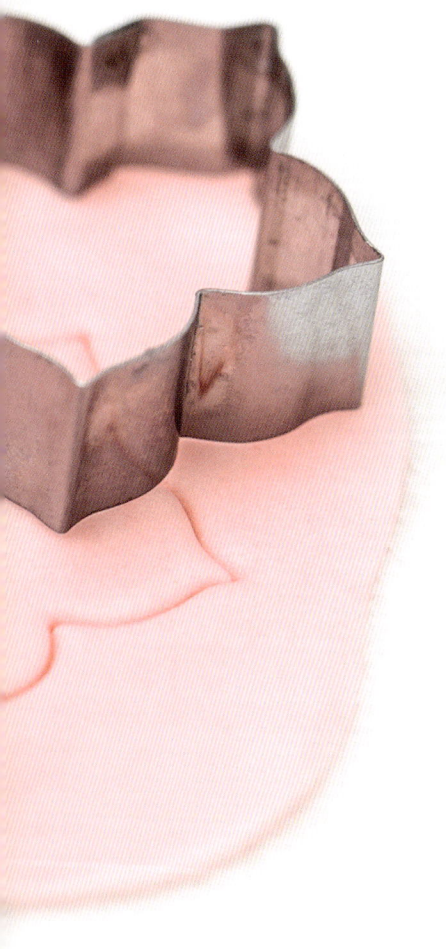

Die Blüte (mit 3 cm Durchmesser) mit Hilfe einer Spezialsilikonform herstellen. Dazu zuerst rosa eingefärbten Rollfondant dünn ausrollen und mit dazugehöriger Blütenausstechform die Blüte ausstechen. Diese dann in die Silikonform legen und die Silikonform zusammendrücken. Die Blüte nun vorsichtig aus der Silikonform nehmen und kurz antrocknen lassen.

Weiße Glasurlinsen schmelzen. Aus der Grundmasse Stücke in Scheibenform (mit einem Durchmesser von 4,5 cm und einer Höhe von 2 cm) ausstechen.

Die Scheibe mit flüssiger Glasur auf ein Holzstäbchen stecken und die Glasur antrocknen lassen. Anschließend die Scheibe mit flüssiger weißer Glasur glasieren und abtropfen lassen.

Vorbereitete Zuckerblume auf den noch feuchten Cake Pop mittig platzieren. Auf einem Styroporblock im Kühlschrank trocknen lassen.

Rosa Glasurlinsen schmelzen und mit einem Zahnstocher kleine Punkte am Rand des Cake Pops dekorieren. Mit flüssiger weißer Glasur und einem Zahnstocher mittig auf die Blume einen Punkt dekorieren. Den Cake Pop anschließend auf dem Styroporblock im Kühlschrank trocknen lassen.

sweet and tender

Clowns

PREPARED

verschiedenfarbig eingefärbter
Rollfondant für Zuckerhut,
Smarties für die Nase,
Zahnstocher

TIPP

Für die Haare eignet sich die
Glasur in leicht ausgekühltem
Zustand, da sie dann zähflüssig ist
und sich gut „ziehen" lässt.

Aus Rollfondant Zuckerhut mit Hilfe einer Silikonform wie auf
Seite 22 beschrieben herstellen.

Weiße Glasurlinsen schmelzen. Aus der Grundmasse Stücke zu
je 30 g vorbereiten und runde Kugeln formen.

Die Kugel mit flüssiger Glasur auf ein Holzstäbchen stecken und die
Glasur antrocknen lassen. Den Cake Pop in flüssige weiße Glasur
tauchen, abtropfen lassen und das vorbereitete Smartie für die
Nase mittig platzieren. Vorbereiteten Zuckerhut oben auf dem noch
feuchten Cake Pop dekorieren. Auf dem Styroporblock im
Kühlschrank trocknen lassen.

Schwarze und rote Glasurlinsen getrennt schmelzen und mit
Zahnstocher Augen und Mund zeichnen.

Für die Haare Glasurlinsen in beliebigen Farben schmelzen und
leicht ausgekühlte Glasur seitlich auftragen – dabei mit dem Zahnstocher die Glasur ziehen und stupfen, bis kleine Stacheln (Haare)
abstehen. Den Cake Pop anschließend auf dem Styroporblock im
Kühlschrank trocknen lassen.

97
97

Christmas
Trees

PREPARED

....

silberne Zuckerperlen und -streusel,
Zuckerstern als Christbaumspitz,
Zahnstocher

Grüne Glasurlinsen schmelzen. Aus der Grundmasse mit Hilfe eines
Keksausstechers in Tannenbaumform (circa 5 x 5 cm groß und 2 cm)
den Cake Pop ausstechen.

Den Tannenbaum mit flüssiger Glasur auf ein Holzstäbchen stecken
und die Glasur antrocknen lassen. Anschließend in die grüne Glasur
tauchen und abtropfen lassen.

Glasur kurz antrocknen lassen und mit einem Zahnstocher Äste
stupfen. Dazu mit dem Zahnstocher solange auf die leicht angezo-
gene Glasur stupfen, bis sie zu trocknen beginnt und kleine Spitzen
abstehen. Sofort mit silbernen Zuckerperlen und -streuseln dekorieren
und den Zuckerstern oben anbringen. Den Cake Pop anschließend
auf dem Styroporblock im Kühlschrank trocknen lassen.

silver glow

I Love
You, Baby

rosa eingefärbter Rollfondant für
Zuckerherz, Zahnstocher

Beim Herz kann man sehr gut die
Dekorationsmethode „Stripes"
(siehe Seite 48) anwenden.

Zuckerherz aus rosa eingefärbtem Rollfondant mit Hilfe einer
Silikonform wie auf Seite 22 beschrieben herstellen.

Rosa Glasurlinsen schmelzen. Kuchenstücke in Form eines Herzens
(mit 4,5 cm Durchmesser und 3 cm Höhe) wie auf Seite 18
beschrieben ausstechen.

Das Herz mit flüssiger Glasur auf ein Holzstäbchen stecken und die
Glasur antrocknen lassen. Cake Pop in flüssige rosa Glasur tauchen,
abtropfen lassen und auf dem Styroporblock im Kühlschrank
trocknen lassen.

Vorbereitetes Zuckerherz mit einem Tropfen flüssiger Glasur am
Cake Pop dekorieren.

Weiße Glasurlinsen schmelzen und mit einem Zahnstocher am Rand
Punkte dekorieren. Den Cake Pop anschließend auf dem Styroporblock im Kühlschrank trocknen lassen.

be my valentine

Geschenks-packerl

PREPARED
....

Rollfondant für die Geschenksbänder, kleine Spatel (um den
Rollfondant von der Unterlage
heben zu können), Messer mit
glatter Klinge, kleines Rollholz,
Zahnstocher

TIPP
....

Die Glasur zuerst vollständig
trocknen lassen, dann erst die
Geschenksbänder dekorieren. Die
Geschenksbänder müssen frisch
zubereitet sein, damit der
Rollfondant nicht trocknet und
die Bänder beim Dekorieren nicht
brechen.

Für die Geschenksbänder Rollfondant dünn ausrollen und mit einem
Messer mit glatter Klinge feine Streifen (circa 5 mm breit und 12 cm
lang) schneiden. Für das Mäschchen ein wenig Rollfondant dünn
ausrollen. Ein Rechteck (2 x 8 mm) mit einem Messer zuschneiden
und mit einem Zahnstocher mittig zusammendrücken. Aus dem
Rollfondant einen weiteren kleinen dünnen Streifen schneiden und
mittig rundherum über die Masche dekorieren. Mit einem
Zahnstocher vorsichtig 3 Einkerbungen für den Faltenwurf eindrücken.

Hellblaue Glasurlinsen schmelzen. Kuchenstücke in Form eines
Quadrates (3,5 x 3,5 x 3,5 cm) wie auf Seite 18 beschrieben ausstechen.

Das Quadrat mit flüssiger Glasur auf ein Holzstäbchen stecken, die
Glasur antrocknen lassen. Cake Pop in flüssige hellblaue Glasur
tauchen, abtropfen lassen und anschließend auf dem Styroporblock
im Kühlschrank trocknen lassen.

Die vorbereiteten Streifen kreuzweise auf dem Cake Pop dekorieren.
An den Enden abschneiden und mit flüssiger Glasur an der Unterseite fixieren. Vorbereitetes Mäschchen an der Unterseite mit flüssiger
Glasur bestreichen und mittig auf dem Cake Pop platzieren. Zahnstocher in die flüssige weiße Glasur tauchen und Punkte dekorieren. Den
Cake Pop anschließend auf dem Styroporblock im Kühlschrank
trocknen lassen.

surprise, surprise!

Cake Slices

Zuckerperlen, rot eingefärbter Rollfondant für Zuckerblume, Stanitzel, Messer mit glatter Klinge

Statt einem Stanitzel kann auch ein Gefrierbeutel (10 x 15 cm) verwendet werden, der an einem der unteren Enden mit einer Schere minimal aufgeschnitten wird. Der mit Glasur befüllte Gefrierbeutel kann immer wieder in der Mikrowelle aufgewärmt werden.

....

Aus rot eingefärbtem Rollfondant Zuckerblume mit Hilfe einer Silikonform wie auf Seite 22 beschrieben herstellen.

Weiße Glasurlinsen schmelzen. Circa 70 g Grundmasse gut durchkneten und zu einer Kugel formen. Diese anschließend auf zwei gegenüberliegenden Seiten flach drücken (circa 3 cm hoch) und mit einem Messer mit glatter Klinge ein Dreieck (circa 4 x 6 x 6 cm) ausschneiden.

Das Dreieck mit flüssiger Glasur auf ein Holzstäbchen stecken und die Glasur antrocknen lassen. Cake Pop mit flüssiger weißer Glasur glasieren, abtropfen lassen und auf dem Styroporblock im Kühlschrank trocknen lassen.

Schwarze Glasurlinsen schmelzen und das Tortenstück auf der Ober- und Rückseite glasieren. Dazu den Cake Pop schräg halten und gut abtropfen lassen.

Solange die schwarze Glasur noch feucht ist, diese mit weißen Zuckerstreuseln bestreuen. Die vorbereitete Zuckerblume mittig auf das Tortenstück platzieren. Im Kühlschrank trocknen lassen.

Stanitzel aus Pergamentpapier mit flüssiger schwarzer Glasur befüllen. 2 waagrechte Linien zeichnen. Den Cake Pop anschließend auf dem Styroporblock im Kühlschrank trocknen lassen.

delicious

TIPP

Aus Rollfondant Schnabel, Henkel
und Deckel für die Teekanne
vorbereiten und auf dem noch
feuchten Cake Pop anbringen. Mit
Hilfe einer Silkonform aus Rollfondant kleine Blumen formen
und diese mit wenig flüssiger
Glasur auf den getrockneten Cake
Pop geben. Zuckerperlen mit
wenig flüssiger Glasur am und um
den Deckel herum platzieren. Mit
einem Zahnstocher und flüssiger
roter Glasur kleine Punkte mittig
auf den Blumen dekorieren.

Be a Pro

- CAKEPOPS FÜR PROFIS -

Makis

weiße Zuckerperlen, schwarz
eingefärbter Rollfondant (für das
Algenblatt), grün eingefärbter
Rollfondant (für die Gurke)

Die Glasur zuerst vollständig
trocknen lassen, dann erst das
Algenblatt dekorieren. Das
Algenblatt muss frisch zubereitet
sein, damit der Rollfondant nicht
trocknet und das Blatt beim
Dekorieren nicht bricht.

Weiße Glasurlinsen schmelzen. Aus der Grundmasse einen Zylinder
(mit 3,5 cm Durchmesser und 3,5 cm Höhe) ausstechen.

Den Zylinder mit flüssiger Glasur auf ein Holzstäbchen stecken, die
Glasur antrocknen lassen. Den Cake Pop in flüssige weiße Glasur
tauchen, abtropfen lassen und – solange die Glasur noch feucht
ist – den weißen Zuckerstreusel oben dekorieren. Cake Pop auf dem
Styroporblock im Kühlschrank trocknen lassen.

Für das Algenblatt aus schwarz eingefärbtem, dünn ausgerolltem
Rollfondant einen Streifen in der Höhe und dem Umfang des
Zylinders (13 cm lang, 3,5 cm breit) schneiden und diesen mit wenig
flüssiger Glasur am Cake Pop anbringen.

Für die Gurke den Rollfondant „marmoriert" einfärben, d.h. die grüne
Farbe nur locker einkneten, nicht zu lange einarbeiten – so erhält
man den marmorierten Effekt. Anschließend aus dünn ausgerolltem
Rollfondant ein kleines Dreieck (1,5 x 1,5 x 1,5 cm) ausschneiden und
oben mit wenig flüssiger Glasur anbringen. Den Cake Pop
anschließend auf dem Styroporblock im Kühlschrank trocknen lassen.

experimental
sushi

TIPP

....

Weißen Zuckerstreusel auf den
noch feuchten Cake Pop streuen.
Für den Eierstich gelb eingefärbten Rollfondant formen und
auf dem getrockneten Cake Pop
mit wenig flüssiger Glasur anbringen. Aus schwarz eingefärbten
Rollfondant einen dünnen Streifen
zuschneiden und diesen mit
wenig flüssiger Glasur auf den
getrockneten Cake Pop dekorieren.

Für den Kaviar Zuckerperlen auf
den noch feuchten Cake Pop
geben. Für das Algenblatt aus
schwarz eingefärbtem Rollfondant einen Streifen schneiden
und diesen auf dem getrockneten
Cake Pop mit wenig flüssiger
Glasur anbringen.

TIPP
....

Schwarzen mit weißem Zuckerstreusel mischen und auf dem
noch feuchten Cake Pop anbringen.
Die Gemüsestücke aus eingefärbtem Rollfondant ausschneiden
und auf dem getrockneten Cake
Pop mit wenig flüssiger Glasur
anbringen.

Snow-lovers

Rollfondantkügelchen für den
Bommel, Zuckerstreusel,
Rollfondant für die Krempe,
Confectioners' Glaze, schwarze
und rosa Pulverfarbe,
2 Haarpinsel (fein und sehr fein),
Zahnstocher

Sehr gut macht sich beim
Snowlover auch ein Schal aus
Rollfondant.

Aus Rollfondant einen circa 14 cm langen und 6 bis 7 mm breiten
Streifen schneiden. Anschließend in Abständen von 2 bis 3 mm mit
einem Zahnstocher feine Einkerbungen für die Krempe eindrücken.

Weiße und wenig rosa Glasurlinsen schmelzen und miteinander
vermengen (sodass ein zartrosa, hautfarbener Farbton entsteht). Aus
der Grundmasse Stücke zu je 30 g vorbereiten und daraus runde
Kugeln formen.

Die Kugel mit flüssiger Glasur auf ein Holzstäbchen stecken und die
Glasur antrocknen lassen. Die Kugel in flüssige hautfarbene
Glasur tauchen, abtropfen lassen und auf dem Styroporblock im
Kühlschrank trocknen lassen.

Grüne Glasurlinsen schmelzen. Oberes Drittel leicht schräg in grüne
Glasur tauchen, kopfüber abtropfen lassen, vorbereiteten Bommel
anbringen und sofort mit Zuckerstreuseln bestreuen. Auf die
Rückseite des vorbereiteten Rollfondantstreifens ein wenig flüssige
Glasur anbringen (dient als Kleber) und den Streifen auf dem Cake
Pop dekorieren.

Augen, Mund und Wangen wie auf Seite 28 beschrieben auf den Cake
Pop malen. Eventuell Zahnstocher in hautfarbene Glasur eintauchen
und mittig einen kleinen Punkt für die Nase zeichnen. Den Cake Pop
anschließend auf dem Styroporblock im Kühlschrank trocknen lassen.

be all smiles

Birthday Cakes

PREPARED

Tortenkerze und Kerzenhalter,
Zahnstocher

TIPP

Sehr nett sehen auch Rollfondantblumen als Deko aus, die mit
Hilfe von Silikonformen hergestellt
werden.

Weiße Glasurlinsen schmelzen. Aus der Grundmasse 2 verschieden
große Zylinder ausstechen. Der größere Zylinder (mit 3,5 cm
Durchmesser und 2,5 cm Höhe) ist für den unteren Tortenstock, der
kleinere Zylinder (mit 2,5 cm Durchmesser und 2 cm Höhe) für den
oberen Tortenstock. Die beiden Zylinder mit wenig flüssiger Glasur
verbinden und diese trocknen lassen.

Das Holzstäbchen in flüssige Glasur tauchen und durch den unteren
sowie bis zur Hälfte des oberen Zylinders schieben. Trocknen lassen.

Den Cake Pop in flüssige weiße Glasur tauchen, abtropfen lassen und,
solange die Glasur noch feucht ist, mit einem Zahnstocher oben mittig ein kleines Loch (für die Kerze) stechen. Auf dem Styroporblock
im Kühlschrank trocknen lassen.

Rote Glasurlinsen schmelzen, den oberen Teil in die erwärmte rote
Glasur tauchen und die Glasur nach unten abrinnen lassen. Solange
die Glasur noch feucht ist, eine Geburtstagskerze mit Halterung in
das mit dem Zahnstocher gestochene Loch stecken und die Glasur
trocknen lassen.

Mit einem Zahnstocher und flüssiger Glasur rote Punkte dekorieren.
Den Cake Pop anschließend auf dem Styroporblock im Kühlschrank
trocknen lassen.

congrats!

Braut und Bräutigam

PREPARED

für die Braut: Rollfondant für die Zuckerblumen (Brautkleidsaum und Haarschmuck), Rollfondant für den Dutt, feiner Haarpinsel, Pulverfarben, Confectioners' Glaze

für den Bräutigam: schwarz eingefärbter Rollfondant für Zylinder und Fliege, weißer Rollfondant für Frackhemd, Zahnstocher

Braut

Für die Braut aus Rollfondant circa 8 bis 10 kleine Zuckerblumen mit Hilfe einer Silikonform wie auf Seite 22 beschrieben herstellen sowie eine kleine Kugel für den Dutt (mit ca. 1 cm Durchmesser) vorbereiten.

Weiße Glasurlinsen schmelzen. Aus der Grundmasse 2 runde Kugeln zu 10 g und 20 g formen. Die beiden Kugeln mit wenig flüssiger Glasur miteinander verbinden – dabei soll die kleinere Kugel (für den Kopf) auf der größeren Kugel (für den Körper) angebracht werden. Trocknen lassen.

Das Holzstäbchen in flüssige weiße Glasur tauchen, durch die untere Kugel bis zur Hälfte der oberen Kugel schieben und trocknen lassen.

Den Cake Pop in flüssige weiße Glasur tauchen, abtropfen lassen. Solange die Glasur noch feucht ist, vorbereitete Rollfondantblumen als Brautkleidsaum unten im Abstand von circa 7 mm anbringen und auf einem Styroporblock im Kühlschrank trocknen lassen.

Weiße und wenig rosa Glasurlinsen schmelzen und miteinander vermengen (sodass ein zartrosa, hautfarbener Farbton entsteht). Den Cake Pop nur bis zur ersten Kugel in die Glasur tauchen, kopfüber abtropfen lassen und den vorbereiteten Dutt aus Rollfondant anbringen. Cake Pop trocknen lassen.

Bräutigam

Glasurfarbe nach Wahl für die Haare aufwärmen und damit den Kopf rechts und links zur Hälfte (Haare) glasieren. Eventuell Zuckerperlen oder Zuckerblumen anbringen. Trocknen lassen.

Mit schwarzer und roter Pulverfarbe mit einem Pinsel ein Gesicht wie auf Seite 28 beschrieben malen. Den Cake Pop anschließend auf dem Styroporblock im Kühlschrank trocknen lassen.

Für den Bräutigam aus schwarz eingefärbtem Rollfondant Zylinder und Fliege herstellen. Für das Frackhemd aus weißem Rollfondant ein Dreieck (2 x 2,5 x 2,5 cm) vorbereiten.

Den Cake Pop wie bei der Braut in den Absätzen 2 und 3 beschrieben herstellen. Zusätzlich noch schwarze Glasurlinsen schmelzen. Den Cake Pop in flüssige schwarze Glasur tauchen, abtropfen lassen und auf dem Styroporblock im Kühlschrank trocknen lassen.

Hautfarbene Glasur aufwärmen, den Cake Pop nur bis zur ersten Kugel in die Glasur tauchen, kopfüber abtropfen lassen und im Kühlschrank trocknen lassen.

Glasurfarbe nach Wahl für die Haare aufwärmen und damit den Kopf rechts und links zur Hälfte (Haare) glasieren. Solange die Glasur noch feucht ist, den vorbereiteten Rollfondantzylinder aufsetzen und trocknen lassen.

Die Rückseite des vorbereiteten Frackhemdes mit flüssiger Glasur bestreichen und vorne mittig auf dem Körper platzieren. Die vorbereitete Fliege mit wenig flüssiger Glasur am Dreieck dekorieren. Mit einem Zahnstocher und flüssiger schwarzer Glasur 3 Knöpfe malen.

Mit schwarzer Pulverfarbe mit einem Pinsel ein Gesicht wie auf Seite 28 beschrieben malen. Den Cake Pop anschließend auf dem Styroporblock im Kühlschrank trocknen lassen.

4-ever

Schultüten

PREPARED
....

zartrosa eingefärbter Rollfondant
für das Geschenkpapier, hellgrün
eingefärbter Rollfondant für das
Zierband, Gummischlange für das
Geschenksband, Zahnstocher

Für das Geschenkpapier aus zartrosa eingefärbtem und dünn ausgerolltem Rollfondant einen circa 3 cm breiten und etwa 13 cm langen
Streifen schneiden. Für das Zierband aus hellgrün eingefärbtem
und dünn ausgerolltem Rollfondant einen circa 0,5 cm breiten und
etwa 13 cm langen Streifen schneiden.

Dunkelblaue Glasurlinsen schmelzen. Aus der Grundmasse Stücke
mit 30 g auswiegen und von Hand Kegel formen.

Den Kegel mit flüssiger Glasur auf ein Holzstäbchen stecken und die
Glasur trocknen lassen. Den Cake Pop in flüssige dunkelblaue
Glasur tauchen, abtropfen lassen und auf dem Styroporblock im
Kühlschrank trocknen lassen.

Die Rückseite des vorbereiteten Rollfondantstreifens mit wenig flüssiger
Glasur bestreichen und um den oberen Teil des Kegels wickeln –
dabei darauf achten, dass ein schöner Faltenwurf entsteht. Das
vorbereitete Zierband mit wenig flüssiger Glasur bestreichen und an
die Kante des rosa Rollfondantstreifens dekorieren. Den Faltenwurf
mit einer roten Gummischlange zubinden.

Rote Glasurlinsen schmelzen und mit einem Zahnstocher Punkte auf
dem grünen Rollfondantstreifen dekorieren. Den Cake Pop anschließend auf dem Styroporblock im Kühlschrank trocknen lassen.

too cool for school

Packaging

PREPARED

Cellophan (14 x 30 cm), bunte
Pralinenkapseln, bunte
Geschenksbänder (à circa 25 cm),
eventuell Sticker oder Papieretikellen, um den Kuchengeschmack
kennzeichnen zu können,
Geschenkboxen mit Styroporeinlage

TIPP

Es empfiehlt sich, die Cake Pops
nach dem Fertigstellen einige
Stunden im Kühlschrank durchkühlen zu lassen. Sie sollten jedoch
noch am selben Tag in Cellophan
eingewickelt werden, um ein
„Schwitzen" im Kühlschrank zu
vermeiden.

Pralinenkapsel in beliebiger Farbe aufspießen und bis kurz unter den
Cake Pop schieben.

Cake Pop mittig auf das Cellophan legen. Cellophan rechts und links
zusammenfassen und mit dem Geschenksband fest zusammenschnüren. Keinen Doppelknoten machen – dieser lässt sich dann nur
schwer wieder öffnen.

Eventuell Klebeetikett mit Geschmacksrichtung rechts unten am
Cellophan anbringen.

Die Cake Pops wirken gesteckt präsentiert am schönsten. Dazu eignen
sich kleine Boxen oder Blumentöpfchen, in die Styropor oder ein
Floristenschwamm eingelegt wird. Noch schöner sieht das Ganze aus,
wenn du das Styropor oder den Schwamm mit Seidenpapier überziehst.

So und jetzt viel Spaß beim Verschenken oder noch besser beim selbst
Vernaschen!

wrap it up

139

Thank you

Miriam Meischberger
Kreative

„Dank deiner Idee hat sich unser Leben von heute auf
morgen schlagartig verändert, wir können dir nicht
genug dankbar sein."

Isabella Meischberger und Mike Rabensteiner
Bureau Rabensteiner

„Danke! Nicht nur dafür, dass wir euch blind vertrauen können, was unser Design betrifft, sondern auch dafür, dass ihr die Julie Pop Bakery von der ersten Stunde an unterstützt habt. Unser Erfolg ist zu einem großen Teil euch zuzuschreiben und dafür gibt es keine Worte des Dankes!

Gudrun Hiebl
Pädagogin

„Danke, dass du mitfieberst und mitdenkst und uns immer mit
guten Ratschlägen zur Seite stehst! Ohne dich wären wir schon oft
verzweifelt! We love you so!

Armin Fuith
Physikprofessor und Julie Pop Bakery
Mitarbeiter des Jahres

„In jeder Sekunde von Anfang an mit Herz und Seele dabei. Danke
für deine Ideen und Unterstützung! Ohne dich und deine
wunderschönen handgefertigten Schachteln würde die Julie Pop
Bakery nicht funktionieren."

Manuel Wojta
Student und Julie Pop Bakery Buchhalter
Johann Wojta
*Universitätsprofessor, kritischer Verkoster der
unterschiedlichen Rezeptkreationen*
Tomasz Kilarski
MA Consultant und Boyfriend No 1

„Unsere Männer! Danke, dass ihr uns auch in stressigen Zeiten stets
ertragen und unterstützt habt. We love you!"

Izabella und Maciej Kilarski
Schwiegereltern und good friends
Alexandra Kilarski
Studentin

„Drei für uns persönlich wichtige Menschen, die die
Julie Pop Bakery rund um die Uhr unterstützen!"

Erika und Anton Hiebl
Oma und Opa, Mama und Papa

„Mit euch hat alles begonnen, unser Können schöpfen wir aus dem,
was ihr uns beigebracht habt! Ihr seid die Besten!"

Lisa Schwarzbauer
Ärztin
Karolina Januszewski
Menschenrechtsexpertin
Amanda Zbyszewski
Ärztin
Adele Gogoman
Juristin
Jelena Iljic
Juristin
Elisabeth Bauer
Juristin
Anna Rihl
Modedesignerin
Veronika Bauer
Ökonomin und Kreative
Silja Daman
Fashionexpertin

„The girls! My loved ones! Die ersten Kundinnen, die immer an uns und die Julie Pop Bakery geglaubt haben."

Olivia Wimmer
Fotografin

„Meine liebe Olivia, wir bewundern dich und deinen
Perfektionismus sehr. Es ist uns eine Ehre, dass
du die Julie Pop Bakery mit deinen Fotos immer
wieder bereichert hast. Dafür sind wir dir ewig
dankbar und hoffen, dass dir immer bewusst sein
wird, wie toll und talentiert du bist!"

Zola Auböck
Zola Auböck Tortenmanufaktur

„Meine liebe, talentierte und herzensgute Freundin
Zola! Nicht nur teilst du meine Leidenschaft wie
keine andere, du bist auch immer da, sei es, wenn
ich am Verzweifeln bin, oder einfach das Glück
und die Freude, die Süßes bereitet, teilen möchte!
Danke!"

Martin Ho
Gastronom

„Danke für deine aufbauenden Worte und deine
Zuversicht! Und dafür, dass du auf alles, was ich zu
sagen habe, eine Gegenmeinung finden kannst!"

Christina und Julia Urschler
Grafikerinnen

„Danke, dass ihr mit eurem Können und Wissen die Julie Pop Bakery richtig cool gemacht habt!"

Supplier

Alles Torte

Novaragasse 9b
1020 Wien
Österreich
http://www.allestorte.at

DAS Tortenzubehörgeschäft. Es gibt alles, was das Zuckerbäckerherz
begehrt! Alles Torte ist spezialisiert auf moderne Tortendekor-
techniken und verschickt ihre Produkte (dankenswerterweise)
österreichweit sowie nach Deutschland.

Firma SÜWAG

Sechshauserstraße 43
1150 Wien
Österreich
http://www.suewag.at

Ein Familienunternehmen, das man kennen muss. Hier empfiehlt es
sich, viel Zeit einzuplanen, denn die Auswahl ist riesig und auch
die Beratung kommt hier nicht zu kurz! Vieles wird direkt in der
eigenen Produktion von Hand selbst hergestellt.

CakePops
great to eat & fun to make

Glossar und Abkürzungen

GLOSSAR

Candy Melts	Glasurlinsen
Cellophan	lebensmittelechte Folie für Verpackungen
Confectioners' Glaze	Lebensmittellack
Dutt	Haarknoten
Kokosette	Kokosflocken
Stanitzel	Spritztüte, Papiertüte
Staubzucker	Puderzucker
Topfen	Quark

ABKÜRZUNGEN

cm	Zentimeter
mm	Millimeter
g	Gramm
TL	Teelöffel/Kaffeelöffel
Pkg	Packung

Franz Schmeißl
**Das große
österreichische Backbuch**
272 Seiten, fest gebunden
mit Fotografien von Rita Newman
€ 29,90 | ISBN 978-3-7066-2490-9

Dieses österreichische Grundbackbuch gehört in jede Küche!

» **über 100 österreichische Backrezepte**

» **praxiserprobt und einfach nachvollziehbar**

» **Schritt-für-Schritt-Anleitungen mit Detailfotos für sicheres Gelingen**

» **ausführliches Back-ABC mit allen Grundrezepten**

» **viele wertvolle Tipps und Tricks**

» **wunderschöne Bilder von Rita Newman**

Brigitte Bach
Vegane Backträume
Kuchen, Kekse und andere Leckereien
120 Seiten, fest gebunden
mit Fotografien von Michael Eckstein
€ 17,95 | ISBN 978-3-7066-2541-8

Veganes Backvergnügen: 100 % pflanzlich – 100 % Genuss!

» **rein pflanzlich, einfach köstlich und gesund**

» **verführerische Vielfalt mit beliebten Klassikern und neuen Eigenkreationen**

» **unkomplizierte Rezepte mit biologisch erzeugten und fair gehandelten Zutaten**

» **Wissenswertes für den Einstieg ins vegane Backen**

» **praktische Extras: Warenkunde über die richtigen pflanzlichen Alternativen, Verpackungstipp, Umrechnungstabelle für eckige und runde Backformen**

» **liebevoll gestaltet und wunderschön bebildert**

Diese und weitere
erstklassige Bücher
finden Sie auch auf
unserer Website
www.loewenzahn.at

 Löwenzahn Verlag auf **facebook**

 **löwenzahn**

Auflage:

| 2017 | 2016 | 2015 | 2014 |
| 4 | 3 | 2 | 1 |

© 2014 by **Löwenzahn in der Studienverlag Ges.m.b.H.**
Erlerstraße 10, A-6020 Innsbruck
E-Mail: loewenzahn@studienverlag.at
Internet: www.loewenzahn.at

Umschlag- und Buchgestaltung sowie grafische Umsetzung:
Bureau Rabensteiner, www.bureaurabensteiner.at

Fotografie: Mike Rabensteiner, www.bureaurabensteiner.at

Gedruckt auf umweltfreundlichem, chlor- und säurefrei gebleichtem
Papier.

Bibliografische Information Der Deutschen Bibliothek
Die Deutsche Bibliothek verzeichnet diese Publikation in der Deutschen
Nationalbibliografie; detaillierte bibliografische Daten sind im
Internet über <http://dnb.ddb.de> abrufbar.

ISBN 978-3-7066-2552-4

Alle Rechte vorbehalten. Kein Teil des Werkes darf in irgendeiner
Form (Druck, Fotokopie, Mikrofilm oder in einem anderen
Verfahren) ohne schriftliche Genehmigung des Verlages reproduziert
oder unter Verwendung elektronischer Systeme verarbeitet,
vervielfältigt oder verbreitet werden.